ANALIZA KSIĄŻKI

AF166045

Kronika zapowiedzianej śmierci
• • • • • • • • • • • • • • • •

GABRIEL GARCÍA MÁRQUEZ

ANALIZA KSIĄŻKI

Napisany przez Natalia Torres Behar
Przetłumaczony przez Kâmil Kowalski

Kronika zapowiedzianej śmierci

GABRIEL GARCÍA MÁRQUEZ

GABRIEL GARCÍA MÁRQUEZ

KOLUMBIJSKI POWIEŚCIOPISARZ, AUTOR OPOWIADAŃ, DZIENNIKARZ I SCENARZYSTA.

- **Urodził się w 1927 roku w Aracataca (Kolumbia).**

- **Zmarł w mieście Meksyk w 2014 roku.**

- **Nagrody literackie:**

  - Nagroda im. Rómulo Gallegosa, 1972 (za *Sto lat samotności*)

  - Nagroda Nobla w dziedzinie literatury, 1982

- **Godne uwagi wyróżnienia:**

  - Doktorat honoris causa Uniwersytetu Columbia

- **Godne uwagi prace:**

  - *Nikt nie pisze do pułkownika* (1961), nowela

  - *Sto lat samotności* (1967), powieść

  - *Miłość w czasach cholery* (1985), powieść

Gabriel García Márquez urodził się w 1927 roku w odległym, zubożałym miasteczku Aracataca w północnej Kolumbii. Jego głównymi wpływami literackimi byli amerykański pisarz William Faulkner (1897-1962) oraz jego dziadkowie i ciotki, z którymi dorastał. Dziadek, który walczył w wojnie tysiąca dni

(1899-1902), był łącznikiem z historią kraju, natomiast babcia nauczyła go patrzeć na rzeczywistość przez pryzmat magii i przesądów.

García Márquez był posłuszny życzeniom ojca, studiując prawo na Narodowym Uniwersytecie Kolumbii, ale jego prawdziwą pasją zawsze było pisanie. W 1950 roku porzucił studia prawnicze i rozpoczął pracę jako dziennikarz. Dziennikarstwo uzupełniło jego karierę literacką, umożliwiło mu kontakt z innymi pisarzami i dziennikarzami, takimi jak członkowie Grupy Barranquilla (nazwanej tak, ponieważ spotykali się w kolumbijskim mieście o tej samej nazwie), a także skłoniło go do odbycia długiej podróży do Paryża, gdzie poznał pisarzy, w tym Mario Vargasa Llosę (peruwiański pisarz i laureat Nagrody Nobla, urodzony w 1936 roku) i Julio Cortázara (argentyński pisarz, 1914-1984). Vargas Llosa i Cortázar byli kluczowymi członkami Latin American Boom, ruchu literackiego, który pojawił się w latach 60. i zapoznał świat z twórczością najwybitniejszych pisarzy tego kontynentu.

Najbardziej znana powieść Garcíi Márqueza, *Sto lat samotności*, została opublikowana w 1967 roku, sprzedała się w 8000 egzemplarzy w ciągu jednego tygodnia i przyniosła mu światową sławę. W 1982 roku otrzymał literacką Nagrodę Nobla za karierę literacką, która trwała prawie 50 lat, od noweli *Burza liści w* 1955 roku do ostatniego dzieła, *Wspomnienia moich melancholijnych dziwek,* w 2004 roku. Przedłużający się okres słabnącego zdrowia rozpoczął się w 1999 roku, kiedy zdiagnozowano u niego raka układu limfatycznego. Zmarł 17 kwietnia 2014 roku w Mexico City.

KRONIKA ZAPOWIEDZIANEJ ŚMIERCI

MIESZANKA DZIENNIKARSTWA I LITERATURY

- **Gatunek:** nowela pseudo-dziennikarska
- **Wydanie referencyjne:** García Márquez, G. (2014) *Chronicle of a Death Foretold*. Trans. Rabassa, G. London: Penguin.
- **Pierwsze wydanie:** 1981
- **Tematyka:** przeznaczenie, tragedia, honor, zemsta, przemoc, prawda

Jak sugeruje tytuł, zakończenie noweli *Kronika zapowiedzianej śmierci* zostaje ujawnione już na pierwszej stronie. Czytelnik od razu dowiaduje się, że główny bohater, Santiago Nasar, zostanie zabity przez Pabla i Pedra Vicario w obronie honoru ich siostry Ángeli, która dzień wcześniej poślubiła tajemniczego Bayardo San Romána, nowo przybyłego do miasta, ale go nie kocha. Jednak w noc poślubną Bayardo dowiedział się, że Ángela nie jest dziewicą i odesłał ją do domu, gdzie poddała się presji matki i przyznała, że straciła dziewictwo z Santiago Nasarem. Jej bracia Pablo i Pedro czują się wtedy zobowiązani do obrony honoru rodziny i postanawiają zabić Santiago.

Praktycznie wszyscy mieszkańcy miasteczka wiedzą, że dwaj bracia szukają Santiago, aby go zabić, ale każdy ma swoje powody, aby go nie ostrzec, a po serii zbiegów okoliczności zostaje zasztyletowany przed swoim domem. Po latach narrator bada wydarzenia tego fatalnego dnia, próbując odkryć, jak dokładnie doszło do tragedii.

STRESZCZENIE

Pierwszoosobowym narratorem *Kroniki zapowiedzianej śmierci* jest przyjaciel Santiago Nasara, który podjął się złożenia w całość jego historii. Po latach od zabójstwa przyjaciela postanawia wrócić do miasteczka, by zbadać, co się stało, rozmawiając ze świadkami, czytając raporty, listy i relacje oraz rekonstruując wydarzenia tamtego tragicznego lutowego dnia. Nowela składa się z kilku powiązanych ze sobą wątków: wydarzeń z dnia morderstwa, raportu sędziego z zeznaniami świadków złożonymi kilka dni po morderstwie, rozmów narratora ze świadkami i uczestnikami zdarzenia ponad 20 lat później oraz pisanej przez niego kroniki. Jest to tekst polifoniczny, z wieloma głosami i perspektywami, które często są ze sobą sprzeczne, ponieważ narrator stara się zebrać informacje potrzebne do zrekonstruowania wydarzeń z dnia morderstwa.

NOC PRZED MORDERSTWEM

Santiago Nasar ma 21 lat i mieszka w nienazwanym mieście na kolumbijskim wybrzeżu. Prowadzi rodzinne ranczo i, jak większość mężczyzn w jego wieku, spędza wolny czas na spotkaniach z przyjaciółmi, pijąc dużo, chodząc na imprezy, spotykając się z kobietami, a czasami odwiedzając prostytutki. Jest zaręczony ze swoją wieloletnią dziewczyną Florą Miguel, ale od dawna jest zakochany w innej kobiecie.

W noc przed zamordowaniem bawił się do 4 rano ze swoimi przyjaciółmi, narratorem i Cristo Bedoyą. Byli na ślubie Ángeli

Vicario i Bayardo San Román, ogromnej uroczystości, na którą zaproszono wszystkich mieszkańców miasta. Zaloty pary były krótkie, zaręczeni byli tylko przez cztery miesiące, gdyż Bayardo chciał się szybko ożenić. Narrator mówi, że Bayardo wierzył, że pieniądze mogą kupić szczęście, dlatego wydał ogromne przyjęcie z okazji swojego ślubu. Lubi rozmawiać o pieniądzach i cieszy się, gdy Santiago i jego przyjaciele spędzają wieczór na spekulowaniu, ile mogło kosztować wesele.

Santiago wstaje o wpół do piątej następnego dnia rano, zmęczony i na kacu, i idzie do portu, jak wszyscy w mieście, aby zobaczyć biskupa, który podobno planuje zejść ze swojej oficjalnej łodzi, aby pozdrowić wiernych i pobłogosławić chorych. Nie ma pojęcia, że pozostały mu mniej niż dwie godziny życia. Ubiera się bardziej elegancko niż zwykle na dzień na ranczu, wypija filiżankę mocnej kawy i, wyjątkowo dla niego, wychodzi przez drzwi wejściowe. Przed domem spotyka Cristo Bodeya i rozmawia z nim o wydarzeniach poprzedniej nocy i kosztach wesela. Margot, siostra narratora, zaprasza go potem na wspólne śniadanie. Wielu mieszkańców miasteczka wie, że bracia Vicario szukają go, by go zabić, ale nic nie mówią, gdy widzą go czatującego z przyjaciółmi i znajomymi ze swoim zwykłym spokojnym, pogodnym usposobieniem przed domem, bo zakładają, że ktoś inny już go ostrzegł. Tymczasem biskup jak zwykle pozdrawia i błogosławi wiernych ze swojej łodzi, która nawet nie przestaje się poruszać.

DZIEŃ MORDERSTWA

Podczas uroczystości weselnych nowożeńcy udają się na spoczynek do wspaniałej starej rezydencji, którą Bayardo kupił od wdowca Xiusa. Jest to najpiękniejszy i najlepiej usytuowany dom w mieście. Jednak o 3 nad ranem Bayardo przemyca Ángelę z powrotem do domu rodzinnego, twierdząc, że małżeństwo musi zostać unieważnione, ponieważ nie jest ona dziewicą. Kiedy matka to słyszy, wpada w szał i bije Angelę, po czym mówi jej dwóm braciom, Pedrowi i Pablowi, co się stało. Teraz czują, że to do nich należy przywrócenie honoru rodziny poprzez zabicie Santiago Nasara.

Bracia szukają broni, aby zabić Santiago, mówią wielu gapiom o swoich planach, zanim usiądą w sklepie w pobliżu jego domu. Czeka ich długie oczekiwanie, ponieważ Santiago pojawia się dopiero kilka godzin później, wracając ze spotkania z biskupem. Bracia zabijają go przed jego domem, nie starając się ukryć swoich działań przed innymi mieszkańcami miasta. Zostają aresztowani i przesłuchani, podczas gdy reszta rodziny Vicario decyduje się na ucieczkę do innego miasta.

27 LAT PÓŹNIEJ

Czytelnik dowiaduje się o morderstwie Santiago 27 lat po jego dokonaniu, kiedy narrator postanawia wrócić do miasteczka, by przeprowadzić śledztwo i przesłuchać świadków, by zrekonstruować wydarzenia tamtego dnia. Rozmawia z własną matką, matką Santiago, osobami, które widziały Santiago spacerującego z Cristo Bedoyą, gosposią rodziny i jej córką oraz Ángelą Vicario, która po morderstwie uciekła z miasteczka i do dziś nie wróciła.

To wyjaśnia, dlaczego historia jest opisywana jako "kronika": narrator przyjmuje dziennikarskie podejście, przeprowadzając wywiady z każdym, kto wie o morderstwie, szukając odpowiedzi na pytania kto, jak, gdzie i dlaczego, i zapisując różne wersje wydarzeń przedstawiane przez świadków. Mówi się mu, że to wszystko było serią niefortunnych zbiegów okoliczności, że ludzie mogli ostrzec Santiago, ale nie zdecydowali się, że musiał wiedzieć, co się stanie, że ludzie nie mogli zachować się inaczej itd. Ten chór głosów daje nam lepsze zrozumienie wydarzeń tego dnia, ale nie może odpowiedzieć na pytanie, które jest sednem morderstwa, a mianowicie, czy Santiago wziął dziewictwo Ángeli, czy nie, ponieważ wszyscy w miasteczku twierdzą, że oboje ledwo rozmawiali i że Santiago myślał, że ona jest wolna. Jedyną rzeczą, która jest naprawdę pewna, jest to, że Santiago Nasar nie żyje.

STUDIUM POSTACI

SANTIAGO NASAR

Santiago Nasar ma 21 lat i jest jedynakiem. Z natury jest wesoły i spokojny, zawsze sprawia wrażenie szczęśliwego. Jeśli chodzi o wygląd fizyczny, jest szczupły i blady, a niektóre arabskie cechy odziedziczył po swoim ojcu Ibrahimie, który zmarł trzy lata wcześniej. Ibrahim nauczył go strzelać (choć nikt nigdy nie widział, by nosili broń po mieście), zaszczepił w nim miłość do koni oraz poczucie odwagi i ostrożności, a także nauczył go arabskiego, języka, w którym obaj ze sobą rozmawiali. Santiago przejął prowadzenie The Divine Face, rancza bydła, które odziedziczył po ojcu, tuż po zakończeniu szkoły.

Łatwo się zakochuje, w grudniu ma poślubić swoją wieloletnią dziewczynę, ale wszyscy jego znajomi wiedzą, że od najmłodszych lat kocha Marię Alejandrinę Cervantes, miejscową prostytutkę, z którą ojciec zabronił mu się spotykać. Wykorzystuje też każdą możliwą okazję, by flirtować z Diviną Flor, córką kucharki rodziny Nasar, Victorii Guzmán, która nigdy go nie lubiła.

PABLO I PEDRO VICARIO

Pablo i Pedro to 24-letnie bliźniaki jednojajowe. Sprawiają wrażenie nieco nieokrzesanych, ale w głębi duszy nie są złymi ludźmi. Choć wyglądają podobnie, mają różne osobowości:

Pablo, który jest starszy od brata o sześć minut, od czasu, gdy byli nastolatkami, jest zdeterminowany i kreatywny, podczas gdy Pedro ma autorytarne zacięcie, które stało się bardziej wyraziste po ukończeniu służby wojskowej. To on decyduje, że Santiago musi umrzeć, a brat jak zwykle idzie za jego przykładem.

Hodują i zabijają świnie, i planują użyć tych samych noży do zabicia Santiago. Czują się zmuszeni do zabicia go, aby bronić honoru swojej rodziny, ale wielu świadków mówi, że nie wydawało się, aby chcieli to zrobić. Santiago miał dobrą reputację, co oznaczało, że nikt nie wierzył, że przejdą przez morderstwo.

ÁNGELA VICARIO

Ángela jest piękną, młodą kobietą z ubogiej rodziny. Podobnie jak jej dwie siostry, została wychowana przez matkę, Purísima del Carmen, aby znalazła dobrego męża. Chociaż potrafi zrobić wszystko, czego oczekuje się od dobrej żony (szyć, haftować, prać, prasować, gotować i tak dalej), narrator twierdzi, że jej "skąpstwo ducha" może stanąć na drodze do znalezienia dobrego partnera. Santiago określa ją nawet mianem "dziewuchy". Z tego powodu rodzina jest zachwycona, gdy Bayardo San Román decyduje się ją poślubić i postrzega ten związek jako dar od losu, mimo że Ángela nie lubi swojego przyszłego męża i tego, że jest od niej dużo starszy. Kiedy mówi matce, że nie chce wyjść za Bayardo, bo go nie kocha, Purísima mówi jej, że miłość jest jedną z wielu rzeczy, których można się nauczyć. Nie jest to jednak jedyny problem stojący na drodze do małżeństwa: jak Ángela powiedziała już kilku swoim przyjaciółkom, nie jest dziewicą. Zapewniają ją, że są sposoby na udawanie, że nadal jest dziewicą, aby następnego ranka można było pokazać poplamione prześcieradła i aby honor rodziny pozostał nienaruszony.

Narrator jest kuzynem Ángeli. Kiedy odwiedza ją wiele lat po morderstwie, jest to kobieta w średnim wieku, z dobrym poczuciem humoru, która nie próbuje już ukrywać swojej przeszłości, ale pogodziła się z nią i opowiada o niej każdemu, kto chce słuchać. Nigdy jednak nie powiedziała nikomu, kto tak naprawdę odebrał jej dziewictwo, bo nikt nie wierzy, że był to Santiago Nasar. Po upadku jej krótkotrwałego małżeństwa, zdała sobie sprawę, że kochała Bayardo San Román i spędziła 20 lat pisząc listy, w których błagała go, aby ją odzyskał.

BAYARDO SAN ROMÁN

30-letni Bayardo jest synem słynnego konserwatywnego generała Petronio San Romána i mulatki z Curaçao o imieniu Alberta Simonds, ma też dwie siostry. Jest czarującym, przystojnym mężczyzną o dobrej budowie ciała, złotych oczach i opalonej skórze, zawsze modnie i ostentacyjnie ubranym. Niektórzy uważają go za zwykłego ekscentryka, inni zaś sądzą, że jest gejem. Nikt nie wie, dlaczego przyjechał do miasta, ale kiedy przybył po raz pierwszy, "dał im do zrozumienia", że jest maszynistą. Ma ogromną wiedzę, umie naprawiać linie telegraficzne, potrafi leczyć chorych i jest najlepszym pływakiem, jakiego widziało miasto. Jest milionerem i urządza huczne, dobrze przyjęte przyjęcia, które podobają się mieszkańcom miasta, a nawet gdy pije, nie wdaje się w bójki. Jest honorowy, ma dobre serce i jest chrześcijaninem, ale tak naprawdę nie mówi o swoich myślach i uczuciach, a narrator uważa, że w głębi duszy jest nieszczęśliwy.

Po morderstwie wszyscy zapominają o nim na kilka dni. On sam nie chce, by mu przeszkadzano i prosi, by zostawiono go w spokoju w rezydencji, którą niedawno kupił. Jednak od pewnego czasu nadużywa alkoholu, by utopić swoje smutki, a matka i siostry martwią się o niego, więc idą go odnaleźć. Mieszkańcy miasteczka widzą w nim jedyną prawdziwą ofiarę morderstwa, ponieważ wszyscy inni tylko odgrywali rolę, którą mieli odegrać.

PLÁCIDA LINERO

Jest matką Santiago i miała nieszczęśliwe małżeństwo z rozsądku z Ibrahimem Nasarem. Mieszka z synem w dawnym magazynie, który jej mąż przerobił na dom, a drzwi zawsze zamyka na klucz. Niełatwo nią wstrząsnąć i pozostaje niewzruszona, gdy dowiaduje się, że bracia Vicario planują zabić jej syna. Potrafi interpretować sny i nie może sobie wybaczyć, że nie rozpoznała drzew, które pojawiły się w snach Santiago jako złego omen.

CRISTÓBAL BEDOYA

Wszyscy mówią na niego Cristo. Jest bardzo dobrym przyjacielem Santiago i narratora, a trzej mężczyźni często wychodzą razem na drinka. Nadal uważa, że gdyby w noc ślubu spał u rodziców, a nie u dziadków, dowiedziałby się o planie zamordowania przyjaciela i mógłby go ostrzec. Później został chirurgiem.

Spędził z nim poranek zabójstwa Santiago, rozmawiając przed jego domem i żartując na ulicy. Kilka minut przed atakiem dowiaduje się od sklepikarza, że bracia planują zabić Santiago, ale kiedy odwraca się, by ostrzec przyjaciela, nigdzie go nie ma. Cristo szuka go wszędzie, idzie do jego domu, a nawet budzi matkę, ale bezskutecznie. Następnie postanawia wrócić do własnego domu, gdzie Santiago powiedział, że będzie miał śniadanie. W międzyczasie jego przyjaciel zostaje zamordowany.

VICTORIA GUZMÁN I DIVINA FLOR

Victoria Guzmán, kucharka rodziny Nasar, była wcześniej kochanką Ibrahima i miała z nim syna. Nie lubi Santiago i jest stale czujna na wypadek, gdyby zrobił coś jej pięknej córce, Divinie Flor, która jest we wczesnej fazie nastoletniej. Divina Flor wie, że w pewnym momencie ma się przespać z Santiago, a kiedy narrator rozmawia z nią po latach, mówi, że nie było drugiego takiego mężczyzny jak on.

Żadna z kobiet nie przejmuje się zbytnio śmiercią Santiago i mimo że zostaje wysłana żebraczka, która ma je ostrzec przed planami braci Vicario, nie podejmują one żadnych działań.

DON LÁZARO APONTE

Don Lázaro jest emerytowanym pułkownikiem i burmistrzem miasteczka. Gdy słyszy o planach braci, konfiskuje ich noże i uważa, że spełnił swój obowiązek, ale im udaje się zdobyć kolejne.

CLOTILDE ARMENTA

Clotilde Armenta jest właścicielką sklepu w pobliżu domu Santiago, gdzie bracia Vicario czekają przed zabiciem go. Próbuje przekonać ich, aby tego nie robili, lub przynajmniej zrobili to później, i zaciąga pomoc innych ludzi, aby spróbować powstrzymać morderstwo. Wierzy, że obaj bracia tak naprawdę nie chcą zabić Santiago i chcą, aby ktoś inny zdjął z nich odpowiedzialność za pomszczenie nadszarpniętego honoru rodziny Vicario.

NARRATOR

Pierwszoosobowy narrator opowiadania przyjaźni się z Santiago i Cristo, często wychodzi z nimi na drinka. Jego matka jest matką chrzestną Santiago. 27 lat po morderstwie wciąż nie rozumie, co dokładnie się stało, więc postanawia wrócić do miasteczka i przeprowadzić wywiady z każdym, kto był świadkiem lub słyszał o zbrodni, aby napisać swoją kronikę.

POZOSTALI MIESZKAŃCY MIASTECZKA

Inne postacie są wspomniane mimochodem lub były świadkami zabójstwa Santiago i teraz opowiadają narratorowi, co się stało. Mieszkańcy miasteczka przypominają chór w greckich tragediach, ponieważ ostrzegają przed tym, co ma się wydarzyć. Funkcjonują jako zbiorowe sumienie, co widać, gdy zdezorientowany Santiago próbuje uciec przed mordercami, ale wśród ich niewyraźnych krzyków i ostrzeżeń nic nie słyszy.

ANALIZA

FORMULARZ

Gatunek

Jak zobaczymy w tym rozdziale, gatunek Kronika Zapowiedzianej Śmierci jest celowo trudny do sklasyfikowania.

Kronika?

Collins English Dictionary definiuje kronikę jako "zapis lub rejestr wydarzeń w porządku chronologicznym". Biorąc pod uwagę, że nowela oparta jest na prawdziwych wydarzeniach, które miały miejsce w Sucre w Kolumbii w latach 50. i że próbuje opowiedzieć historię morderstwa Santiago Nasara w porządku chronologicznym, można ją słusznie określić jako kronikę. Jednak bliższa analiza tej zwodniczo prostej noweli ujawnia, że sprawa jest bardziej skomplikowana.

Narrator przesłuchuje świadków, powołuje się na źródła i przegląda raporty, jego praca przypomina więc dziennikarskie śledztwo. Jednak w przeciwieństwie do relacji z gazety, tekst jest czymś więcej niż prostą relacją z prawdziwych wydarzeń, opowiadaną w obiektywny, pozbawiony emocji, aseptyczny sposób. Bohaterowie nie mogą się nawet zgodzić co do pogody w dniu zabójstwa Santiago: jedni mówią, że była mżawka, inni są przekonani, że było słonecznie. Wskazuje to, że być może sprawy nie są tak jednoznaczne, jak chciałby tego tytuł, który określa książkę jako kronikę.

Oprócz braku jednej, jednomyślnie uzgodnionej historii, chronologia tekstu nie trzyma się dziennikarskich konwencji. Nie ma wyraźnego początku, środka i końca, gdyż oś czasu jest w całej noweli pomieszana i zagmatwana. Narrator ma częściową pamięć wydarzeń, ale miesza się ona z relacjami z samego dnia, informacjami zawartymi w raportach policyjnych i komentarzami świadków 27 lat po wydarzeniach. Historia nie jest opowiedziana w porządku chronologicznym, gdyż występują przeskoki do przodu i do tyłu oraz częste powtórzenia. Co więcej, opowiadane wydarzenia obejmują zaledwie półtorej godziny, od 5:30 rano, kiedy Santiago się budzi, do 7 rano, kiedy zostaje zamordowany. Jak zobaczymy później, tekst jest kolisty, co oznacza, że ściśle rzecz biorąc, nie jest to kronika, ale nowela, która wykorzystuje formę kroniki do opowiedzenia swojej historii.

 ## INSPIRACJA DO STWORZENIA TEJ HISTORII

Kronika Zapowiedzianej Śmierci jest oparta na prawdziwych wydarzeniach, które miały miejsce w 1951 roku. García Márquez zawsze określał ją jako swoje najbardziej realistyczne dzieło, a także jako swój jedyny kryminał. W słynnym wywiadzie z Santiago Gamboa, kiedy García Márquez został zapytany, dlaczego nigdy nie napisał powieści kryminalnej, odpowiedział, że *Kronika Zapowiedzianej Śmierci* jest właśnie taką powieścią.

Kryminał?

W świetle wypowiedzi Garcíi Márqueza można powiedzieć, że w pewnym stopniu Kronika Zapowiedzianej Śmierci posiada wszystkie elementy kryminału:

- tajemnica (zabójstwo Santiago Nasara);

- przestępcę (w tym przypadku dwóch przestępców, czyli braci Vicario);

- detektyw (narrator, który przeprowadza dokładne wywiady, korzysta z szeregu źródeł w celu przeprowadzenia śledztwa i próbuje zrekonstruować to, co się stało).

Jednak w powieści pojawia się pytanie, kto jest naprawdę winny: chociaż bracia Vicario niezaprzeczalnie popełnili morderstwo, to jednak nie są naprawdę winni. W całym tekście mamy wrażenie, że są ofiarami czegoś większego niż oni sami, ponieważ nie chcą zabić Santiago, ale czują się zmuszeni do dokonania morderstwa. Ponadto, sugeruje się, że wszyscy świadkowie (w zasadzie wszyscy w mieście) są winni na swój sposób, ponieważ wiedzieli, że morderstwo będzie miało miejsce, ale nie zrobili nic, aby je powstrzymać. Wreszcie, co być może najważniejsze, centralna tajemnica opowieści nigdy nie zostaje rozwiązana: od początku wiemy, kto zabił Santiago Nasara, ale nigdy nie dowiadujemy się, kto zabrał dziewictwo Ángeli Vicario i nie jesteśmy bliżej dowiedzenia się, czy Santiago i Ángela spali ze sobą.

Kawałek dziennikarstwa?

Kronika zapowiedzianej śmierci, wbrew tytułowi książki i komentarzom autora, nie jest wyłącznie kroniką czy kryminałem. Skłania czytelnika do refleksji nad prawdą i trudem jej odkrywania, a także nad dziennikarstwem i jego dążeniem do ujawniania prawdy, co często jest zadaniem niezwykle trudnym, a nawet niemożliwym. A także o literaturze i zakresie fikcji:

> *"Kronika" to po prostu "powieść", ale nie "zwykła" powieść. Ta zwodniczo prosta "fikcja" luźno oparta na prawdziwym wydarzeniu jest, jak będę twierdził, "metafikcją", samoświadomą powieścią, która wykorzystuje swój tytuł, by od samego początku drażnić czytelnika i wyzywać go do wejścia w proces badawczy rekonstrukcji tekstu, analogiczny do tego, który przeprowadza kronikarz diegetyczny." (Olivares, 1987: 484)*

Kronikę Zapowiedzianej Śmierci można zatem określić jako nowelę dziennikarską lub pseudo-dziennikarską, ponieważ wykorzystuje elementy z dziennikarstwa, czyli prawdziwe fakty, do skonstruowania fikcyjnej narracji, która zaciera granice między różnymi gatunkami. Być może najlepiej można ją określić jako fikcyjną opowieść, która zapożycza elementy i techniki z dziennikarstwa.

Struktura

Narrator zaczyna od poinformowania nas, że Santiago umrze, po czym wyjaśnia, jak doszło do tej sytuacji. W związku z tym, choć nowela nie jest podzielona na rozdziały, składa się z pięciu łatwo identyfikowalnych części.

• W pierwszej części zostajemy przedstawieni bohaterowi noweli, Santiago Nasarowi, i opowiedziani o jego życiu.

- Druga część przedstawia Bayardo San Román i Ángelę Vicario. Dowiadujemy się o ich życiu, rodzinach, jak się poznali, ich związku, uroczystościach ślubnych, powrocie Ángeli do domu i jej wyznaniu, że Santiago Nasar zabrał jej dziewictwo.

- Trzecia część opisuje braci Vicario, ich pracę, relacje między nimi, ich decyzję o zamordowaniu Santiago i sposób, w jaki mówili wszystkim, na których się natknęli, że planują go zabić.

- Czwarta część skupia się na sekcji zwłok i atmosferze panującej w mieście po morderstwie, gdyż istniały obawy, że społeczność arabska będzie się mścić, choć nigdy do tego nie doszło.

- Wreszcie piąta część zawiera szczegółowy opis morderstwa Santiago. Opowiada o tym, jak bracia polowali na niego, w końcu go znaleźli i zadali mu wiele ciosów nożem. Nie umarł od razu, ale zataczając się do swojego domu z rozrzuconymi organami wewnętrznymi powiedział, że bracia go zabili.

Jak widzimy, struktura noweli jest kolista: zaczyna się i kończy śmiercią Santiago, natomiast w części środkowej opowiadane są wszystkie wydarzenia i niefortunne zbiegi okoliczności, które doprowadziły do tragedii.

TEMATYKA

Tragiczne przeznaczenie

Gatunek teatralny, jakim jest tragedia, powstał po raz pierwszy w starożytnej Grecji. Występują w nim bohaterowie, których życiem rządzi nieuchronne przeznaczenie, co z reguły prowadzi do ich zniszczenia lub śmierci. Najbardziej znanym i obrazowym przykładem tego gatunku jest Król *Edyp* autorstwa greckiego poety tragicznego Sofoklesa (495-406 p.n.e.), którego główny bohater "próbując uciec przed swoim losem, pędzi na jego spotkanie" (*Encyclopaedia Britannica*). Chociaż niektóre aspekty noweli nie są zgodne z tradycyjnymi zasadami gatunku, wyraźnie widać, że śmierć Santiago jest nieunikniona i że, podobnie jak Edyp, nie może on zrobić nic, by uciec przed swoim losem. Mimo że wiele osób próbuje go ostrzec, wysyłane są notatki i prawie wszyscy w miasteczku są świadomi planów braci, on nadal umiera. Już od pierwszej linijki, która zaczyna się od słów "W dniu, w którym mieli go zabić", czytelnik dowiaduje się, że takie jest jego przeznaczenie. Bohaterowie wydają się być zmuszani do działania przez siły, na które nie mają wpływu, co jest wielokrotnie sugerowane w toku narracji. Na przykład narrator wyjaśnia jeden ze swoich powodów podjęcia śledztwa w następujący sposób:

> *"Koguty świtu przyłapywały nas na tym, że próbujemy nadać porządek łańcuchowi wielu przypadkowych zdarzeń, które sprawiły, że absurd stał się możliwy, i było oczywiste, że nie robimy tego z chęci wyjaśnienia tajemnic, ale dlatego, że nikt z nas nie mógł dalej żyć bez dokładnej znajomości miejsca i misji, jaką wyznaczył nam los".*

Jak widać, narrator pisze swoją kronikę, chcąc zrozumieć rolę każdej osoby w wydarzeniach tego pamiętnego dnia.

Odkrywa jednak, że podobnie jak starożytni bogowie, którzy sprawowali władzę nad śmiertelnikami, każdy jest popychany do działania przez siły, na które nie ma wpływu.

Honor i zemsta

Innym centralnym tematem w powieści jest honor i to, do czego ludzie się posuną, by go bronić. Był to popularny temat podczas hiszpańskiego Złotego Wieku, niezwykle żywego i produktywnego okresu dla sztuki i literatury, który obejmował koniec XV do połowy XVII wieku. Według krytyka Méndeza Ramíreza (1990), García Márquez czerpał inspirację z XVII-wiecznego teatru hiszpańskiego i wykorzystał swoją nowelę do sparodiowania gatunkowej obsesji na punkcie honoru. Temat ten został prawdopodobnie po raz pierwszy podjęty w literaturze pięknej poprzez postać Don Juana w sztuce Podstęp z Sewilli i Kamienny Gość (ok. 1630) przez hiszpańskiego dramaturga Tirso de Molina (1579-1648), a następnie został podjęty przez takich autorów jak Lope de Vega (pisarz hiszpański, 1562-1635) i utrzymał trwałą fascynację publiczności.

Zasadniczy zarys tych historii jest zawsze taki sam: kobieciarz uwodzi jakąś kobietę, splamił jej honor, odbierając jej dziewictwo, a następnie jest ścigany, ponieważ utracony honor musi zostać przywrócony, a przestępstwo odpokutowane poprzez karę, która będzie przykładem dla przestępcy. Ten sposób myślenia podzielają bracia Vicario i całe miasto, ponieważ wszyscy mieszkańcy używają tego sposobu rozumowania, aby usprawiedliwić swoją bezczynność, a wielu z nich wmawia sobie, że honor jest święty i nie można w niego ingerować. Co więcej, nie tylko mieszkańcy miasteczka uważają, że obrona honoru jest ważnym powodem do zabijania;

przekonanie to podtrzymuje prawo. W czasie procesu braci Vicario "adwokat stał przy tezie o zabójstwie w słusznej obronie honoru, którą podtrzymał sąd dobrej woli, a bliźniacy oświadczyli na koniec procesu, że zrobiliby to jeszcze tysiąc razy z tego samego powodu". Zgodnie z tym tokiem myślenia, honor należy zachować za wszelką cenę, nawet jeśli oznacza to odebranie życia innej osobie.

Przemoc

Kronika Zapowiedzianej Śmierci nie została jednak napisana w XVII wieku, lecz pod koniec XX wieku, kiedy to pomysł rozstrzygania sporów o honor w ten sposób wydaje się w najlepszym razie absurdalny, a w najgorszym barbarzyński. Pomijając fakt, że tego rodzaju zbrodnia nadal mogłaby się zdarzyć w odległym kolumbijskim nadmorskim miasteczku (w przeciwieństwie do większości jego dzieł, ta nowela nie jest opowieścią w duchu realizmu magicznego), dzieło Garcíi Márqueza jest parodią: wyolbrzymia on i wyśmiewa te przestarzałe kodeksy moralne i ludzi, którzy je podtrzymują, aby pokazać, jak bardzo są one niedorzeczne i jak absurdalne jest to, że elementy hiszpańskiej mentalności kolonialnej utrzymują się w XX wieku. Doprowadzając ten system przekonań do logicznego ekstremum, krytykuje przemoc kolumbijskiego społeczeństwa i bada trwały wpływ kolonializmu.

To przywiązanie do honoru jest nierozerwalnie związane z patriarchalnym społeczeństwem, które uważa, że kobiety są własnością mężczyzn, a przemoc jest jedynym sposobem rozwiązywania problemów. Kronika Zapowiedzianej Śmierci komentuje i krytykuje również te wartości, które prawie nigdy nie mają żadnych racjonalnych podstaw, ale które nadal przenikają nasze społeczeństwo. W świetle tego ważne jest omówienie tego, co dzieje się z Ángelą Vicario. Po morderstwie jej rodzina przenosi się do innego miasta, a kiedy narrator spotyka ją ponownie po latach, zmienia się: jest o wiele bardziej opanowana, wydaje się, że pogodziła się ze swoją przeszłością i przestała postrzegać ją jako ciężar, potrafi spokojnie opowiedzieć swoją historię. Co więcej, uświadomiwszy sobie, że kocha Bayardo San Romána tuż po klęsce ich nocy poślubnej i przez lata pisząc listy, w których błagała go, by ją odzyskał, on wreszcie do niej wrócił. W ten sposób García Márquez dodaje do tematu honoru więcej złożoności i niuansów, a także unowocześnia tę odwieczną koncepcję, aby uczynić ją istotną dla współczesnego kolumbijskiego społeczeństwa.

Poszukiwanie prawdy

Problem poszukiwania prawdy obejmuje wszystkie pozostałe wątki, a tajemnica stanowiąca sedno noweli nigdy nie zostaje rozwiązana. Pomimo prób narratora, by nadać sens tej historii – przeszukuje wybrzeże w poszukiwaniu osób, które były zaangażowane w wydarzenia tego dnia, czyta oficjalne dokumenty i raporty, po latach rozmawia z Ángelą i pyta ją wprost – nigdy nie dowiadujemy się, czy ona i Santiago spali ze sobą, czy nie.

W świetle trudności z zaklasyfikowaniem tej tak zwanej kroniki, dwuznaczności jej gatunku oraz gier, jakie pisarz prowadzi z czytelnikami, należałoby powiedzieć, że stanowi ona medytację i krytykę naszej zdolności do odkrywania prawdy. Co więcej, zachęca nas do zadania sobie pytania, czy prawda absolutna naprawdę istnieje i czy nasze pozornie obiektywne sposoby jej odkrywania (takie jak dziennikarstwo) nie są w rzeczywistości innymi formami fikcji lub innymi sposobami prób zrozumienia świata i rzeczy, które się w nim dzieją. Jedno jest pewne: mimo próby rzucenia przez narrację światła na fakty i zapewnienia bohaterom spokoju, nie udaje się to. Możemy jedynie zaakceptować, że świat jest pełen przypadkowych zdarzeń i zbiegów okoliczności, i że czasem po prostu nie jesteśmy w stanie wszystkiego wyjaśnić.

DALSZA REFLEKSJA

KILKA PYTAŃ DO PRZEMYŚLENIA...

- W jaki sposób nowela ustanawia związki między literaturą a dziennikarstwem w ciągu całej historii?

- W jaki sposób historia miesza różne okresy czasu? Jaki jest cel tej nieliniowej osi czasu?

- Jak prawdziwe wydarzenie, które miało miejsce w Sucre w 1951 roku, wpływa na tę kronikę, która powstała 30 lat później?

- Co Kronika Zapowiedzianej Śmierci może nam powiedzieć o społeczeństwie kolumbijskim, a dokładniej o społeczeństwie regionu nadmorskiego? Jakie realia odzwierciedla?

- W rodzinie Vicario dziewczynki są wychowywane na dobre żony, a chłopcy na "mężczyzn". Omów portret męskich i żeńskich bohaterów noweli. Jakie są kluczowe różnice między nimi i jaki ma to wpływ na życie w miasteczku?

- Czy uważasz, że Kronikę Zapowiedzianej Śmierci można uznać za dzieło feministyczne? Wyjaśnij swoją odpowiedź.

- Czytelnik od początku wie, jak skończy się historia, a mimo to nie przestaje czytać. Jak myślisz, dlaczego tak jest? Jakich technik używa García Márquez?

- Czy jako czytelnik możesz zaufać narratorowi, biorąc pod uwagę, że przyjaźnił się z Santiago i nie wierzył, że ten przespał się z Ángelą?

- Imiona takie jak Ángela (związane z "aniołem") i Vicario (od hiszpańskiego słowa oznaczającego wikariusza lub sędziego kościelnego) nie wydają się być wybrane przypadkowo. Jak myślisz, jakie jest znaczenie tych wyborów? Czy możesz znaleźć jeszcze jakieś przykłady znaczących imion?

DALSZE CZYTANIE

WYDANIE REFERENCYJNE

García Márquez, G. (2014) *Kronika zapowiedzianej śmierci*. Trans. Rabassa, G. London: Penguin.

BADANIA REFERENCYJNE

Gamboa, S (1981) *Prolog do* Crónica de una muerte anunciada *Gabriela Garcíi Márqueza*. Madryt: Biblioteca El Mundo.

Méndez Ramírez, H. (1990) La reinterpretación paródica del código de honor en *Crónica de una muerte anunciada. Hispania*. 73(4).

Olivares, J. (1987) García Márquez's *"Crónica de una muerte anunciada"* as metafiction. *Contemporary Literature*. 28(4), pp. 483-492.

ZALECANA LEKTURA

Martin, G. (2012) *The Cambridge Introduction to Gabriel García Márquez*. Cambridge: Cambridge University Press. Rozdział 6.

Swanson, P. ed. (2010) *The Cambridge Companion to Gabriel García Márquez*. Cambridge: Cambridge University Press.

Chcemy usłyszeć od Ciebie, co się dzieje!
Zostaw komentarz na temat swojej internetowej biblioteki
i podziel się swoimi ulubionymi książkami w mediach społecznościowych!

Dlaczego warto wybrać Must Read?

Dowiedz się wszystkiego, co musisz
wiedzieć o książce dzięki naszym zwięzłym i
dogłębnym streszczeniom i analizom!

**Odkryj to, co najlepsze w literaturze
w zupełnie nowym świetle!**

www.50minutes.com

Master ISBN: 9782808694933
Papierowy ISBN: 9782808616331
Depozyt prawny: D/2023/12603/1913

Verhaal: © Primento

Projekt cyfrowy: Primento, cyfrowy partner wydawców.